Mavi Arslan
Licht-Blick

Vom Anfang bis zum Ende

Die LIEBE ... liegt in Unserer - Hände

© 2014 Mavi Arslan

M-EIN besonderes Danke-schööön an Can Arslan

Cover & Gestaltung Mavi Arslan
Homepage   www.wort-spiegel.de
Mail an   echo@wort-spiegel.de

Herstellung & Verlag: BoD™ Books on Demand, Norderstedt

Printed in Germany
ISBN : 978-3-7357-5738-8

Bibliografische Information der Deutschen Nationalbibliothek:
Die Deutsche Nationalbibliothek verzeichnet diese Publikation
in der Deutschen Nationalbibliografie; detaillierte bibliografische Daten sind im Internet über http://dnb.d-nb.de abrufbar.

> > >   a u s   e i n e m   T r a u m   < < <

... und ES sprach

„ folge DEINEM-MANN ... folge SEINEM-LICHT "

Ruuuhum

MAVİTA

AUS M-EINER SEELE

"M e i n e - S e e l e"

... zu wooohl bekannt

wird im Orient auch " R u h u m " genannt

~

Durch Raum und Zeit ... der L I E B E geweiht

So bist DU ... V I T A

aus der t i i i e f e erwacht

Das K i s m e t ... hat DICH mir wieder gebracht

Die L I E B E ... von neuem entfacht

M a v i & V i t a

e r w a c h t

E I N - B L I C K

Nach all der Zeit voller Sehnsucht ... im Streben

hat ES sich Glücklicherweise so ergeben

das WIR nach Jahren der Trennung ...

diese L I E B E nun auch endlich sollten Leben

... doch es kam anders als erwartet

Die Erde fing an zu beben

Wolken zogen auf und ALL-ES nahm seinen lauf

Tränen über Tränen sich aus der S e e l e ergießen

Schmerzhafte Gefühle nicht aufhören wollen ... zu fließen

F i n s t e r n i s ! ! !

Die Vergangenheit erweist sich als Größtes - Hindernis

Grausame Zeiten ... durch die WIR schreiten

Aus der Sehnsucht nach Leidenschaft ...

in die ENT - T Ä U S C H U N G die nur LEIDEN schafft

An den Rand der Verzweiflung getrieben

... nichts ist mehr von dieser Sehnsucht geblieben

Unglaublich aber Wahr ... die L I E B E in größter Gefahr !
S e e l e n hören nicht auf zu weinen
im Verlangen sich doch nur zu E I N E N
S c h m e r z e n über S c h m e r z e n
sooo zerr-brechen Beide - Herzen

Ooohh HERR ... was um Himmels-Willen ist nur geschehen
Warum nur ... blieb all dies nicht ungeschehen
wünschte ich mir doch sooo seeehr ...
könnt ich diese Zeit nur zurück drehen
dann wäre all dies Grauen niiie geschehen
 Aber nein ... Leider sollte ES so sein
Was geschehen ist ... ist geschehen !!!

Aus dieser Zeit ... in diesem Leben
haben sich der Art " L I C H T - B L I C K E " ergeben
Voller H o f f n u n g voller Z u v e r s i c h t
voller LEIDEN-SCHAFT... auf der Suche nach L I C H T

Im tiiiefsten Vertrauen sich SEINER-SELBST hin-zu-geben

um sich das " LICHT - DER - HOFFNUNG "

im HERZEN zu bewahren ...

trotz all dem Leid - vollen

was WIR durch die L I E B E   ...   A U C H erfahren

In diesem Sinn ... I C H zu t i i i e f s t D A N K B A R bin

für diese " S c h m e r z e n "

Aus meiner S e e l e ... In meinem H e r z e n

Sie haben mich voller LEIDEN-SCHAFT v e r z e e e h r t

doch haben SIE mich das " EINZIG-WAHRE " gelehrt

DIE LIEBE

IST DAS HÖCHSTE GEBOT

a u c h w e i t h i n a u s ü b e r d e n T o d

*   *   *

VITA

Meine Seele … Mein geliebtes Weib

Du Meine Ewigkeit

Durch DICH ALL-EIN

…diese LIEBE in MIR gedeiht

In tiiiefster Dankbarkeit

VERGIB MIR BITTE

für diese „grausame" Zeit

ES tut mir wirklich Leid !!!

" Hüterin des Schatzes "

Diese LIEBE in MIR…

Sie gehört nur DIR

So bewahre ich DEIN-LICHT

…stets in MIR

ICH LIEBE DICH

…sooo „inniglich"

MAVI

"Wächter der Liebe"

DIE WAHRHEIT

IN-SICH

DIE GIBT ES NICHT

WIR ALLE SUCHEN

NACH DEM LICHT

DER EIN-SICHT

Licht-Blick

SINN ? ? ?

Das Leben FÜHRT-UNS ... dort-hin

W A R U M ? ? ? ... fließen Tränen

weil WIR uns doch nur nach L I E B E sehnen

ALL - ES hat S - EINEN S I N N

seit Anbeginn

doch WIR ...

Wir sehen nicht immer den SINN darin

Auf dem Weg zum Glück ...

gibt es KEIN zurück

Das Blendende SCHEIN - bare

liegt stets im Schatten

des GLÄNZENDEN Unscheinbaren

... unendlich ERSCH-EINT die Finsternis

dem Suchenden

nach L I C H T

Im WESEN - TLICHEN

basiert ALLES ... nur auf VERTRAUEN

M U T

... ist sich in die Augen zu schauen

und SEINER - SELBST zu trauen

SICH be-SINN-en ...

bedeutet nur zu GEWINNEN

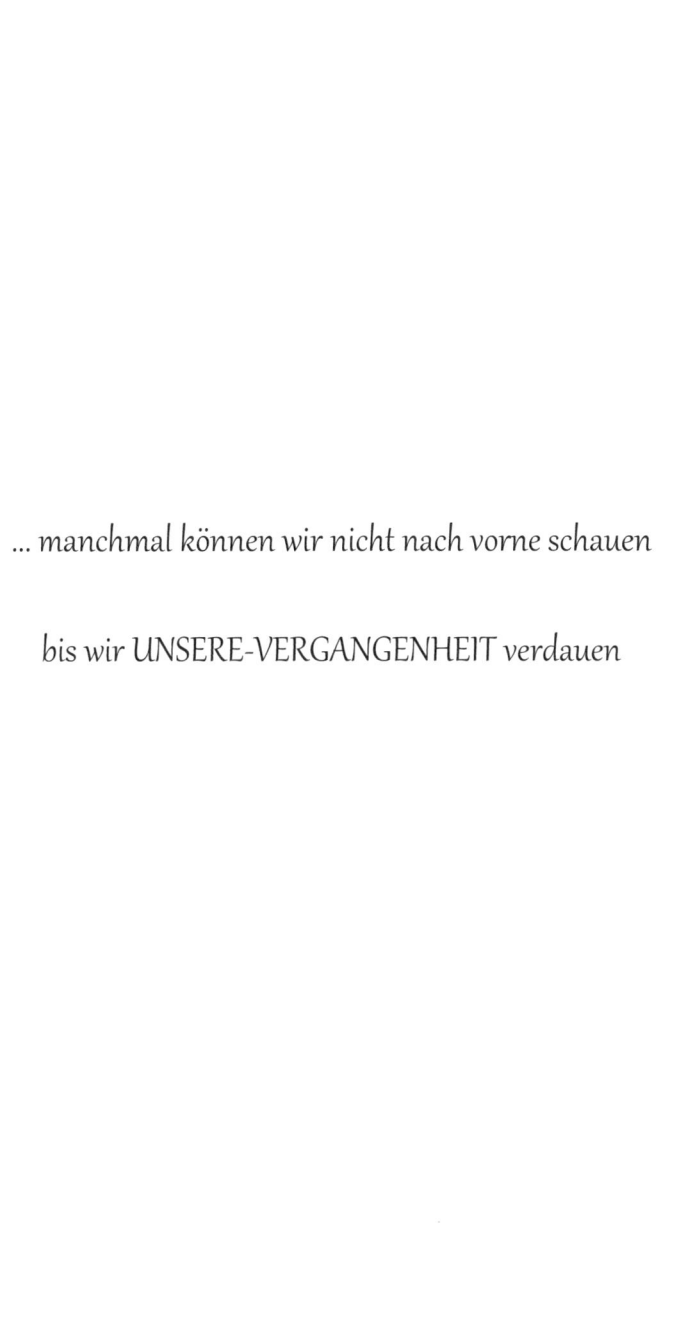

... manchmal können wir nicht nach vorne schauen

bis wir UNSERE-VERGANGENHEIT verdauen

Das UNTER-BEWUSST-SEIN

ist EINE

IN-SICH

E I G E N E

und Geheimnis-volle Welt

die uns vor so viele Rätsel stellt

EIN JEDER ... IST IN-SICH

in sich gefangen

Ein Jeder sucht nach dem SINN

und will ihn erlangen

Ein Jeder kann nur aus eigener Kraft ...

zu Seiner F R E I - H E I T gelangen

… nie enden wird die Zeit

in der man wächst und gedeiht

nicht durch Freude

nur durch Leid

ein BEWUSST-SEIN in uns gedeiht

D i e F R E U D E

wird hervorgebracht

durch das Leid

... aus der Finsternis her - Raus

das L I C H T gedeiht

Nur ... DURCH-das-LEID

man sich b e f r e i t

LICHT

                LICHT

                                LICHT

All jenen ... die es das Herz zerr-bricht

Die schööönsten Gefühle ...

sind wie Schall und Rauch

für das L I C H T der EIN - SICHT

... es wohl die Leid - vollen braucht

Die D A N K B A R K E I T

S I E wird sich erkenntlich zeigen

wenn wir uns auch

vor schmerzhaften Gefühlen verneigen

und unser Kismet an-nehmen

weit bevor wir zum Himmel hoch steigen

Die WAHRHEIT

kommt immer ans LICHT

... auch wenn es DIR

das HERZ zerr-bricht

Wer nicht nach F R I E D E N sucht

wird ihn auch nicht finden

nur der Such - Ende

kann sich von seinem Leid entbinden

... *nur wenn wir unsere*

EIGENEN-GRENZEN überschreiten

WERDEN WIR ... E I N E N

Neuen-Weg bereiten

Das LEBEN beginnt zu g l ä n z e n

jenseits Aller Grenzen

Dies LEBEN

... ist eines der s c h ö ö ö n s t e n

Das LEBEN ...

ist viiiel zu kurz ... um ES all zu ernst zunehmen

Es ist nicht das LEBEN

das uns so sehr ENT - T Ä U S C H T

Es ist vielmehr

nur UNSERE - EIGENE - VORSTELLUNG

... darüber

Im Drang nach F R E I H E I T

erreichen wir früher oder später den Punkt

an dem wir erkennen ... wie gefangen wir doch sind

weil wir EIN - SEHEN

das wir uns nur im Kreise drehen

FREI - HEIT   strebt ...

nach unendlicher Weite

ERLEUCHTUNG

ist nur ein kleiner Schritt ... zur Seite

HÖR-AUF

... etwas zu ER - WARTEN vom Leben

werde GLÜCKLICH

In ALL-DEM ... was DIR wird gegeben

A L L E S ... WILL WERDEN

durch das LEBEN ... auf Erden

Die Ver-ANTWORT-ung abzugeben

für S E I N - E I G E N - L E B E N

gleicht einer Flucht

indem man die Fehler... nur bei den Andern sucht

Was macht das L E B E N aus ? ? ?

Es ist die Gewisse - Ungewissheit

die E S braucht ! ! !

... um sich stets aufs neue zu wagen

S E I N E R - S E L B S T

Im VER - TRAUEN zu tragen

... wenn ES zu Einfach wäre ! ! !

wäre es Wooohl ... kein LEBEN

würde den SINN verlieren

nach dem HÖHEREN zu streben

Im V E R T R A U E N

dem GLAUBEN ergeben

Haben wir IN - UNS - SELBST ...

das VER - TRAUEN

so können wir auch darauf bauen

... haben wir ES nicht

ALL - ES weitere ... IN - SICH zerr - bricht

DAS V E R T R A U E N

liegt nur in DIR - SELBST

NICHT in dem Strohhalm ...

an dem DU hältst

... das Ü B E L in allem sein

ist das "I C H" ganz allein

... erkenne DICH-SELBST

es ist NICHT das ... wofür DU-DICH hältst

ER - KENNE ... DEINER - SELBST

FREIER-WILLE

DAS EGO ... ich niemals stille

Wirk - lich FREI

ist OHNE WILLE

ZU - FRIEDEN und STILLE

RÜCK-SICHT

ist

wenn MEINE Freiheit

Die GRENZEN des Anderen

NICHT überschreitet ... und VERLETZT

Meine Stärke ? ? ?

... ist " MEINE - SCHWÄCHE "

Nach dem V E R G E B E N zu streben

schafft Frei-Räume ... für neues ER - LEBEN

... die Zeit ist reif

wenn SIE gekommen ist

F R I E D E N schließen ...

um durch das Leben zu f l i i i e ß e n

STILL SCHW-EIGEN

...UND ALLES WIRD

SICH DIR ZEIGEN

Die STILLE

Kennt die Antwort ...

auf A L L E Fragen

die WIR in uns tragen

Es bedarf nur

sich auch in die S T I L L E zu wagen

um I H R E R zu lauschen

hat S I E uns doch so vieles zu sagen

GE - DANKEN die in UNS wühlen

ver - suchen doch nur zu beschreiben ...

wie WIR *f ü ü ü h l e n*

Des MENSCHEN - SEIN

beruht GANZ und ALL - EIN

auf das F ü ü ü h l e n

im Gedanken - w ü ü ü h l e n

auf der SUCHE ... nach dem SINN

SICH ... durch das Leben s p ü ü ü l e n

im Körper

im Geiste

in der S e e l e

Das Füüühlen ...

ist der Augenblick

durch den wir uns gerade spüüülen

Das DENKEN

ist meist die Vergangenheit oder die Zukunft

in der WIR sooo gerne wüüühlen

DENKEN - LENKEN

SICH - SELBST beschenken

Gedanken greifen direkt ...

in die Gefühle ein

die schööönen ... lass hinein

das TRAURIGE - DENKEN ... das lass sein

... sooo viiiele Menschen

um uns herum auch schreiten

doch nur die wenigsten E I N E N ...

auch wirklich BEG - L E I T E N

E I N - L E U C H T E N D

Auf der Bühne ... des Lebens

steht ein jeder im Rampen - LICHT

wirft S-EINEN - EIGENEN Schatten

über den man nur ungern spricht

Mir geht es B L E N D E N D

... auch wenn wir glauben

im RECHT zu sein

verbirgt sich ...

dahinter auch immer der S C H E I N

AUS - RICHTUNG

Ich GLAUBE

ob GUT gem-EINT

oder schlecht er-SCHEIN-t

ob beim Fluchen ...

oder beim Beten

WIR GLAUBEN immer nur an DAS ...

was wir uns SELBST-EIN-REDEN

Was die AUSSEN - WELT

von DIR auch hält

Deinem INNERSTEN ...

Recht-machen

musst DU es schon SELBST

A L L - E S

was sich um uns herum auch tut

... auf die EINE oder andere Art

auf EINE Verbunden-heit beruht

denn ALLES was sich um uns herum bewegt

kann auch EINFLUSS nehmen ...

auf dass ... was man EIGEN-TLICH lebt

Der S C H M E R Z drängt ...

lässt sich N I C H T vermeiden

T - REIBT - UNS ...

bis wir uns von SELBST ENT - SCHEIDEN

Nicht die ENTSCHEIDUNG ... IN-SICH

der ENT - SCHEIDUNG entspricht

... vielmehr die Umsetzung dessen

Wo - für wir uns auch ENTSCHEIDEN

mit einem BEWUSST - SEIN

das wir darunter nicht mehr werden leiden

Eine ENT-TÄUSCHUNG

schmerzt zutiiefst im Herzen

ändert jedoch nichts am Geschehen

Sie dient nur dazu ...

Die WAHRHEIT klar und deutlich anzusehen ! ! !

Erst wenn es WIRKLICH zu spät ist

wird man da-raus KLUG ! ! !

doch WACHSEN ... wird man NUR

... wenn man ERKENNTNISSE

auch UM-SETZEN tut

Durch die Kraft ... in der LEIDEN - schafft

wird ein Schmerz hervorgebracht

Schmerzen im Herzen

nur DURCH ... das LEIDEN

WERDEN - WIR - EINEN ... Weg bereiten

WUNDEN - ÜBER - WUNDEN

zu tiiiefst verwundet

zu tiiiefst verletzt

doch die H O F F N U N G

SIE s t i r b t z u l e t z t ! ! !

A L L E S ist vor-bestimmt

nur wer SICH auch Wirk - lich

in der Lage sieht " zu Verlieren "

... der G E W I N N T

... und fühlen wir uns allzu oft nur verloren

WERDEN WIR ... in Wirklichkeit

DA - DURCH

doch nur von neuem GEBOREN

Die GEDULD endet ... im BEGREIFEN

ALLES braucht S - EINE ZEIT

... zu REIFEN

UNGEDULD ... lohnt sich nicht

früher oder später ...

löst sich alles auf ... IN - SICH

Das was uns von Außen-her

schmerzt und bedrängt

in seiner WIRK - LICHKEIT

doch nur mit UNSEREM-INNERSTEN

zusammen-hängt

ÜBER - WUNDEN

t i e f e r und t i i i e f e r ....

bohrt sich der Schmerz ... in unser HERZ

um EINEN Weg ... zu finden

sich von dem Leid zu ENT - BINDEN

SCHEINBAR oder UNSCHEINBAR

wird sich etwas wandeln

auch wenn wir scheinbar

nur unscheinbar handeln

... nur durch das Handeln

wird sich etwas Wandeln

Man kann ALLEM entgegen - WIRKEN

indem man IN - SICH ... den Raum schafft

Gedanken aufzulösen

um zu SCHÖPFEN ...

aus der INNEREN - EIGENEN - KRAFT

Im VERGESSEN

liegt die Kunst ... auf Erden

sind wir in der Lage zu vergessen

schaffen wir auch den Raum

um GLÜCKLICH zu werden

FRAU und MANN

Gegen - Sätze ziehen sich an

Was Männer leider nur allzu schnell vergessen

daran halten Frauen manchmal fest ...

wie besessen

UNBEWUSST im Sprach - Gebrauch

Ver - Wunden Worte ... und lösen sich auf

... wie Schall und Rauch

W u n d e n ... bleiben

kaum zu heilen

Die SEELE

strebt nach EINHEIT

LIEBE und GLÜCK

Kein Augenblick kehrt mehr je zurück

DIE L I E B E

geschieht um der HIMMELS - WILLEN

der Menschen-SINN

ist nur ... SIE zu stillen

DIE L I E B E

Sie gehört SICH-SELBST

Sie ist nicht das ...

Wo - Für ???

DU - SIE - HÄLTST

DIE L I E B E ... SIEGT

wenn man sich IN - VERTRAUEN wiegt

DIE L I E B E ...

ist die Quelle der Glückseligkeit

SIE anzunehmen ... heilt und befreit

die S e e l e von ihrem Leid

LIEBE

Die Quelle die Helle

liegt in der Stille

S T I L L E ist der LIEBE - WILLE

DIE L I E B E

geschieht um IHRER - SELBST - WILLEN

... im VERLANGEN

doch nur Ihren Durst zu stillen

Wo LIEBE nicht ist

kann auch nichts gedeihen

WO LIEBE IST

... da ist auch VERZEIHEN

DIE LIEBE

ist eine Quelle

an der man ...

Qualvoll verdursten kann

" SO IST SIE "

... ist SIE nicht gewillt

bleibt der SEHNSUCHT - DURST ... ungestillt

Es gibt NICHTS zu ER - WARTEN

wenn DU-GIBST

so ist ES nun einmal ... wenn DU-LIEBST

Der TRÄNEN überflutet

Die Seele W-EINT

Das HERZ verblutet

SEHNSUCHT

SEHNSUCHT-SEELE

„ für immer und ewig … "

ewig werden Tränen fließen …

ewig sich zu einem Bache ergießen …

ewig währt der Fluss in Tränen …

ewig sich nach dem Meere sehnen …

Ewig die Sehnsucht ...

Die S E E L E weint

Bis sich die L I E B E

für immer und ewig

E I N T

M A V I T A

MENSCHENS - KIND

W - E I N E N

wir doch nur um uns SELBST

... wenn wir E H R L I C H sind

S E L B S T - mit - L E I D

... getrübt im S E I N

Tränen im Fluss ... waschen uns wieder R E I N

AUS - WEINEN

... wird die Sonne wieder SCH - EINEN

ERLÖSUNG

Lieblich...

ERSCH - EINT der " TOD "

in der Seele-Not

Es bedarf nicht …

sich gegen den " TOD " zu wehren

Die ERFAHRUNG über den " TOD "

kann uns nur eines besseren belehren

" AUS - W E G - ERFAHRUNG "

sooo seeehr wir auch Leiden ...

und nach einem AUS - WEG uns seeehnen

D i e E R F A H R U N G

kann uns keiner nehmen

ERFAHRUNGEN

die nach uns greifen

DIENEN der EIN-SICHT ... DIENEN dem REIFEN

ALLES LASS SEIN

FRIEDEN

KEHRT EIN

WUNDEN ÜBER-WUNDEN

IM GLAUBEN

DIE HEIMAT GEFUNDEN

STILLE

… ist der Seelen-Wille

STILL ist die SEELE

STILL der GEIST

DER GLAUBEN

Mir den Weg zur LIEBE weist

L♡EBE

...ist das schööönste GEBET

MAVI

...im GEBET

O o o h h V I T A ... DU-MEIN-WEIB

Ich L i i i e b e DICH ... über Alles in dieser Welt !

... doch EIN-ES lieb ich mehr

E R ! ... von weit her

Der UNS zusammen-hält

In tiiiefster Dankbarkeit ... o o o h h H E R R

für diese L I E B E ... die nur durch D I C H gedeiht

In tiiiefster Dankbarkeit ... für das W E I B

das MICH ... mit dieser DEINER-LIEBE weiht

In tiiiefster Dankbarkeit ... durch Raum und Zeit

M A V I T A

~ R u u u h u m ~

wenn DU mich hörst

... k e e e h r e um

* * *